AF188963

Impressum
Verlag: BABADADA GmbH, Nedderfeld 112 , 22529 Hamburg
Geschäftsführer / Verlagsleitung: Harald Hof
Druck: Books on Demand GmbH, In de Tarpen 42, 22848 Norderstedt

Imprint
Publisher: BABADADA GmbH, Nedderfeld 112 , 22529 Hamburg, Germany
Managing Director / Publishing direction: Harald Hof
Print: Books on Demand GmbH, In de Tarpen 42, 22848 Norderstedt, Germany

škola

xue xiao

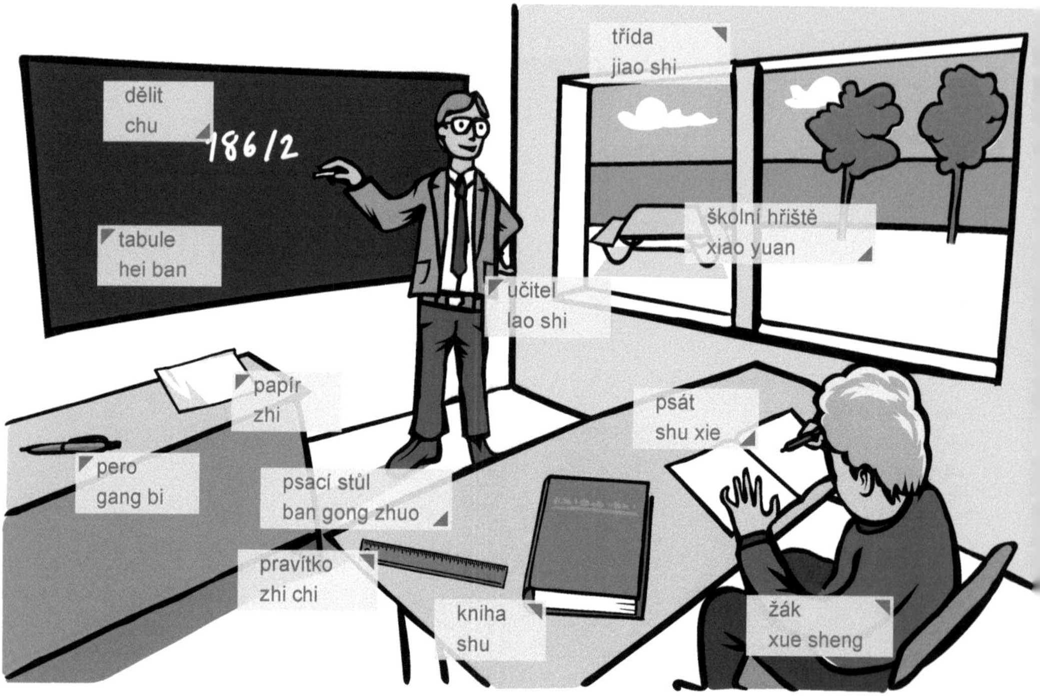

třída
jiao shi
dělit
chu
186/2
tabule
hei ban
školní hřiště
xiao yuan
učitel
lao shi
papír
zhi
psát
shu xie
pero
gang bi
psací stůl
ban gong zhuo
pravítko
zhi chi
kniha
shu
žák
xue sheng

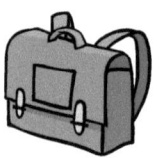

aktovka

shu bao

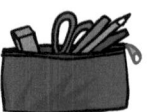

penál

qian bi he

tužka

qian bi

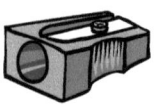

ořezávátko

juan bi dao

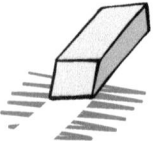

guma

xiang pi ca

blok na kreslení

hua ban

výkres

tu hua

štětec

hua bi

malířské potřeby

yan liao he

nůžky

jian dao

lepidlo

jiao shui

cvičebnice

lian xi ce

domácí úkol

jia ting zuo ye

12

počet

shu zi

2+2

sčítat

jia

5-2

odčítat

jian

2×2

násobit

cheng

počítat

ji suan

A

písmeno

zi mu

ABCDEFG HIJKLMN OPQRSTU VWXYZ

abeceda

zi mu biao

slovo

zi

text

ke wen

číst

du

křída

fen bi

hodina

shang ke

třídní kniha

deng ji

zkouška

kao shi

vysvědčení

zheng shu

školní uniforma

xiao fu

vzdělání

jiao yu

encyklopedie

bai ke quan shu

univerzita

da xue

mikroskop

xian wei jing

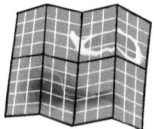

karta

di tu

odpadkový koš na papír

fei zhi kuang

cesta
lü xing

hotel
jiu dian
Grand
ubytovna
qing nian lü xing she
směnárna
wai bi dui huan chu
kufr
shou ti xiang
auto
qi che

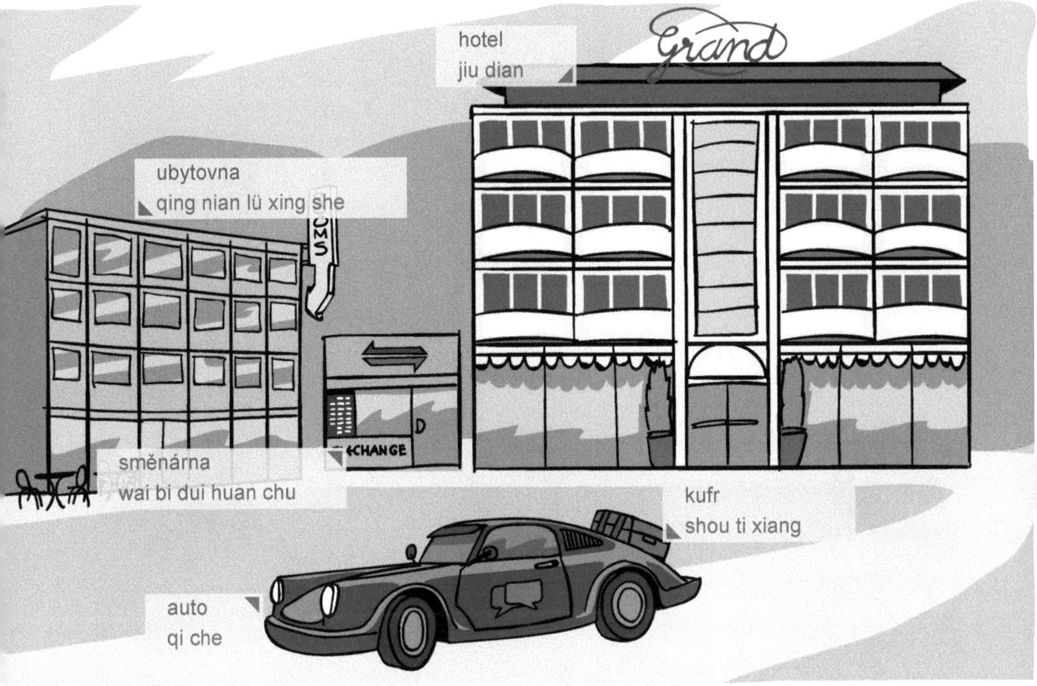

jazyk

yu yan

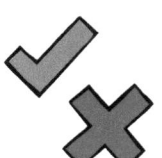

ano / ne

shi/fou

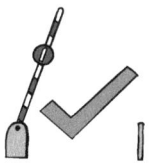

oukej

hao de

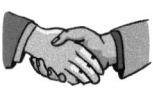

Ahoj!

nin hao

překladatel

fan yi yuan

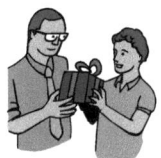

děkuji

xie xie

Kolik stojí...?

......duo shao qian?

nerozumím

wo bu ming bai

problém

wen ti

Dobrý večer!

wan shang hao!

Dobré ráno!

zao shang hao!

Dobrou noc!

wan an!

na shledanou

zai jian

směr

fang xiang

zavazadlo

xing li

taška

bao

batoh

shuang jian bao

host

ke ren

pokoj

fang jian

spací pytel

shui dai

stan

zhang peng

turistické informace

lü you xin xi

pláž

hai tan

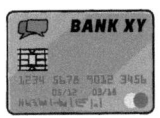

kreditní karta

xin yong ka

snídaně

zao can

oběd

wu can

večeře

wan can

jízdenka

piao

výtah

dian ti

poštovní známka

you piao

hranice

bian jie

clo

hai guan

poselství

da shi guan

vízum

qian zheng

pas

hu zhao

transport

jiao tong yun shu

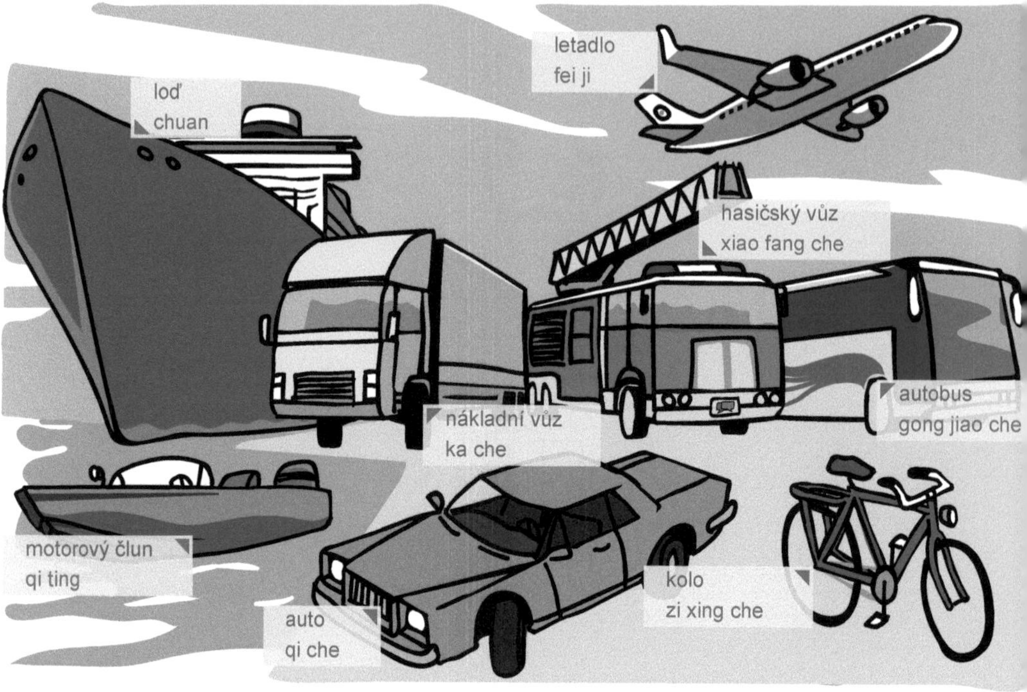
letadlo
fei ji
loď
chuan
hasičský vůz
xiao fang che
autobus
gong jiao che
nákladní vůz
ka che
motorový člun
qi ting
kolo
zi xing che
auto
qi che

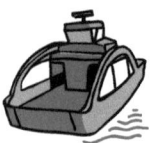

přívoz

bai du chuan

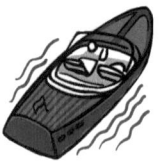

člun

xiao chuan

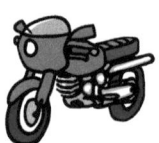

motorka

mo tuo che

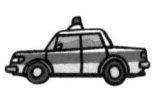

policejní auto

jing che

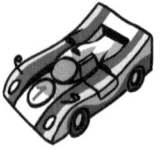

závodní auto

sai che

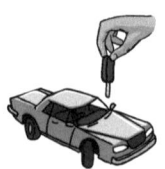

pronajaté auto

zu che

sdílení aut

pin che

odtahová služba

tuo che

popelářský vůz

la ji che

motor

fa dong ji

palivo

qi you

čerpací stanice

jia you zhan

dopravní značka

jiao tong biao zhi

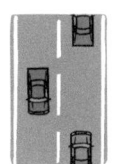

doprava

jiao tong

dopravní zácpa

jiao tong du sai

parkoviště

ting che chang

vlakové nádraží

huo che zhan

koleje

gui dao

vlak

huo che

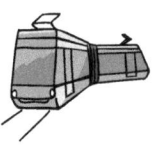

tramvaj

dian che

vagón

huo che

helikoptéra

zhi sheng ji

letiště

ji chang

věž

ta

pasažér

cheng ke

kontejner

ji zhuang xiang

kartón

zhi ban xiang

trakař

shou tui che

koš

lan zi

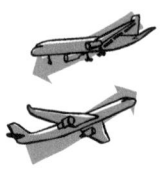

vzlétnout / přistát

qi fei/jiang luo

město

cheng shi

vesnice

cun zhuang

střed města

shi zhong xin

dům

fang zi

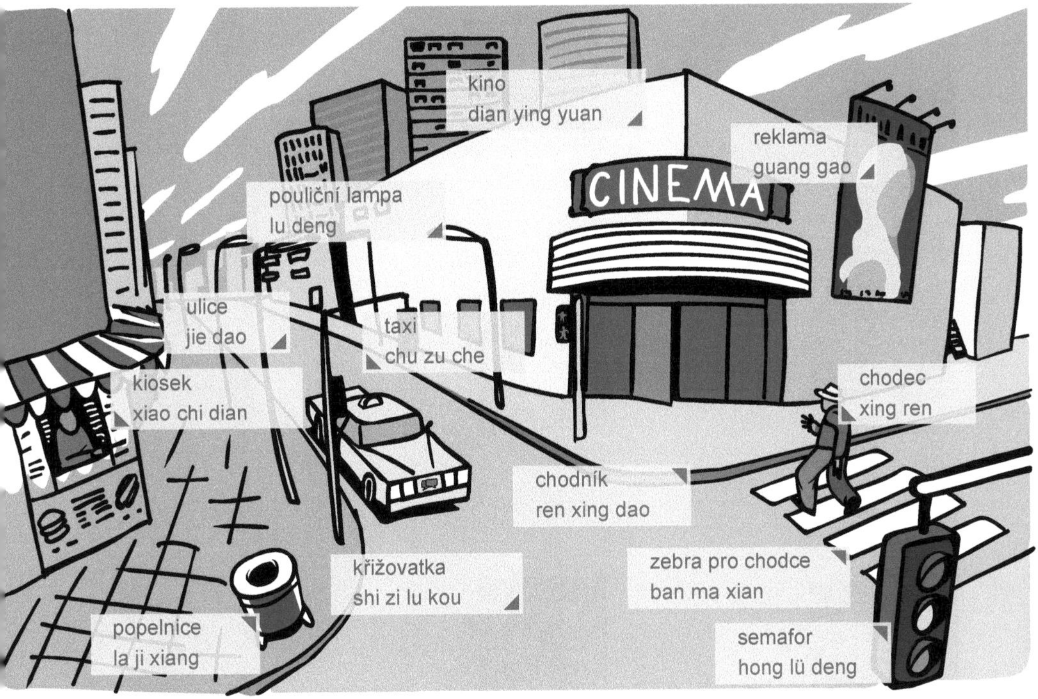

kino
dian ying yuan

reklama
guang gao

pouliční lampa
lu deng

ulice
jie dao

taxi
chu zu che

kiosek
xiao chi dian

chodec
xing ren

chodník
ren xing dao

křižovatka
shi zi lu kou

zebra pro chodce
ban ma xian

popelnice
la ji xiang

semafor
hong lü deng

CINEMA

chata

xiao wu

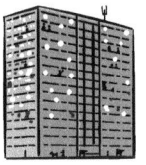

byt

gong yu

vlakové nádraží

huo che zhan

radnice

shi zheng ting

muzeum

bo wu guan

škola

xue xiao

univerzita

da xue

banka

yin hang

nemocnice

yi yuan

hotel

jiu dian

lékárna

yao fang

kancelář

ban gong shi

knihkupectví

shu dian

obchod

shang dian

květinářství

hua dian

supermarket

chao shi

tržnice

shi chang

obchodní dům

bai huo shang dian

rybárna

yu dian

nákupní centrum

gou wu zhong xin

přístav

hai gang

park

gong yuan

lavička

chang deng

most

qiao

schody

lou ti

metro

di tie

tunel

sui dao

autobusová zastávka

gong jiao che zhan

bar

jiu ba

restaurace

can guan

poštovní schránka

you tong

pouliční tabule

lu biao

parkovací hodiny

ting che ji shi qi

zoo

dong wu yuan

plovárna

you yong guan

mešita

qing zhen si

usedlost
....
nong chang

znečišťování životního
prostředí
....
wu ran

hřbitov
....
mu di

církev
....
jiao tang

hřiště
....
cao chang

chrám
....
si miao

krajina
di xing

list
shu ye

rozcestník
zhi shi pai

cesta
lu

louka
cao di

kámen
shi tou

turista
tu bu lü xing zhe

strom
shu

řeka
he

tráva
cao

květina
hua

údolí
xia gu

hora
shan

jezero
hu

les
sen lin

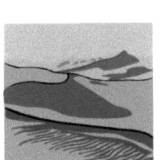

poušť
sha mo

sopka
huo shan

zámek
cheng bao

duha
cai hong

houba
mo gu

palma
zong lü shu

komár
wen zi

moucha
cang ying

mravenec
ma yi

včela
mi feng

pavouk
zhi zhu

brouk

jia chong

žába

qing wa

veverka

song shu

ježek

ci wei

zajíc

ye tu

sova

mao tou ying

pták

niao

labuť

tian e

divoké prase

ye zhu

jelen

lu

los

mi lu

přehrada

shui ba

větrné kolo

feng li fa dian ji

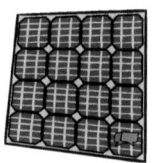

solární panel

tai yang neng dian chi ban

podnebí

qi hou

restaurace
can guan

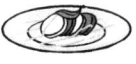

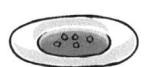

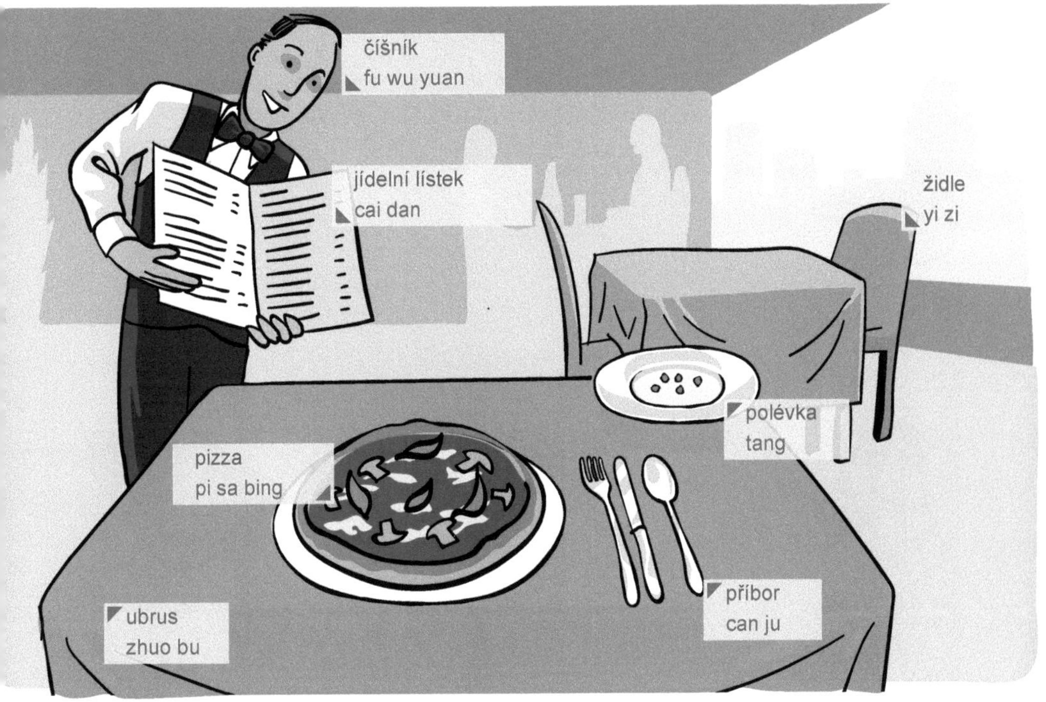
číšník
fu wu yuan
jídelní lístek
cai dan
židle
yi zi
polévka
tang
pizza
pi sa bing
příbor
can ju
ubrus
zhuo bu

předkrm

qian cai

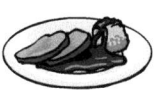

hlavní chod

zhu cai

dezert

tian dian

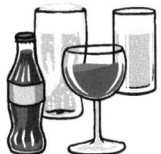

nápoje

yin liao

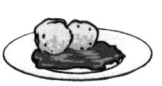

jídlo

shi wu

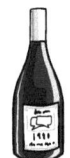

láhev

ping zi

rychlé občerstvení

kuai can

pouliční občerstvení

jie bian xiao chi

čajová konvice

cha hu

cukřenka

tang he

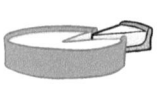

porce

yi fen fan cai

kávovar na espresso

yi shi ka fei ji

dětská stolička

gao jiao yi

faktura

zhang dan

tác

tuo pan

nůž

dao

vidlička

can cha

lžíce

shao zi

čajová lyžička

cha chi

ubrousek

can jin

sklenička

bo li bei

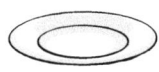

talíř
die zi

talíř na polévku
tang pan

podšálek
die zi

omáčka
jiang

slánka
yan ping

mlýnek na pepř
hu jiao mo

ocet
cu

olej
shi yong you

koření
tiao wei liao

kečup
fan qie jiang

hořčice
jie mo

majonéza
dan huang jiang

supermarket

chao shi

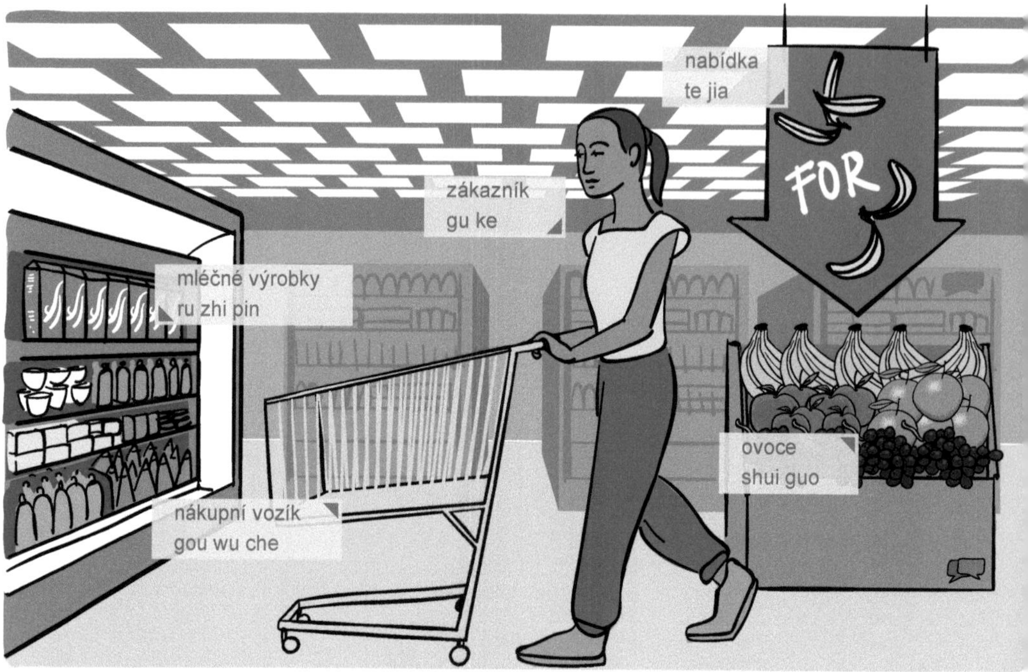

nabídka
te jia
zákazník
gu ke
mléčné výrobky
ru zhi pin
ovoce
shui guo
nákupní vozík
gou wu che
FOR

BUTCHERS

masna

rou pu

BAKERY

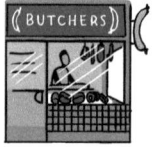

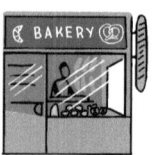

pekařství

mian bao fang

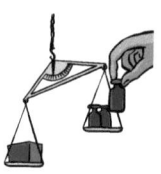

vážit

cheng zhong

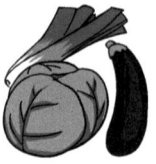

zelenina

shu cai

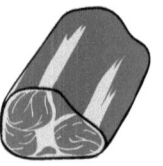

maso

rou

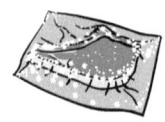

mražené potraviny

leng dong shi pin

obložený talíř

leng pan

konzervy

guan tou shi pin

prací prášek

xi yi fen

cukrovinky

tian shi

výrobky pro domácnost

ri yong pin

čisticí prostředek

qing jie yong pin

prodavačka

xiao shou yuan

pokladna

shou yin ji

pokladní

shou yin yuan

nákupní seznam

gou wu qing dan

otevírací doba

kai fang shi jian

peněženka

qian bao

kreditní karta

xin yong ka

taška

dai zi

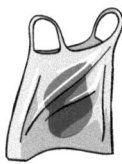

igelitová taška

su liao dai

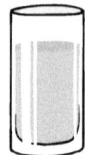

voda

shui

džus

guo zhi

mléko

niu nai

kola

ke le

víno

hong jiu

pivo

pi jiu

alkohol

jiu

kakao

ke ke

čaj

cha

káva

ka fei

espresso

yi shi nong suo ka fei

kapučíno

ka bu qi nuo

banán

xiang jiao

jablko

ping guo

pomeranč

cheng zi

meloun

xi gua

citrón

ning meng

mrkev

hu luo bo

česnek

da suan

bambus

zhu zi

cibule

yang cong

houba

mo gu

ořechy

jian guo

těstoviny

mian tiao

špageti

yi da li mian tiao

rýže

mi fan

salát

sha la

hranolky

shu tiao

americké brambory

zha tu dou

pizza

pi sa bing

hamburger

han bao bao

sendvič

san ming zhi

řízek

zha zhu pai

šunka

huo tui

salám

sa la mi

salám

xiang chang

kuře

ji rou

pečeně

kao rou

ryby

yu

ovesné vločky

yan mai pian

müsli

mu zi li

vločky

yu mi pian

mouka

mian fen

croissant

yang jiao mian bao

houska

mian bao juan

chléb

mian bao

toast

kao mian bao

sušenky

bing gan

máslo

huang you

tvaroh

ning ru

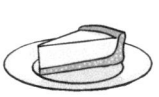

buchta

dan gao

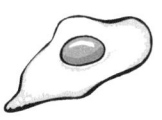

vejce

dan

volské oko

jian dan

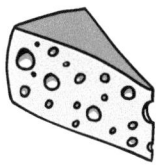

sýr

nai lao

zmrzlina

bing ji lin

cukr

tang

med

feng mi

marmeláda

guo jiang

nugátový krém

qiao ke li jiang

kari

ga li fan

usedlost
nong chang

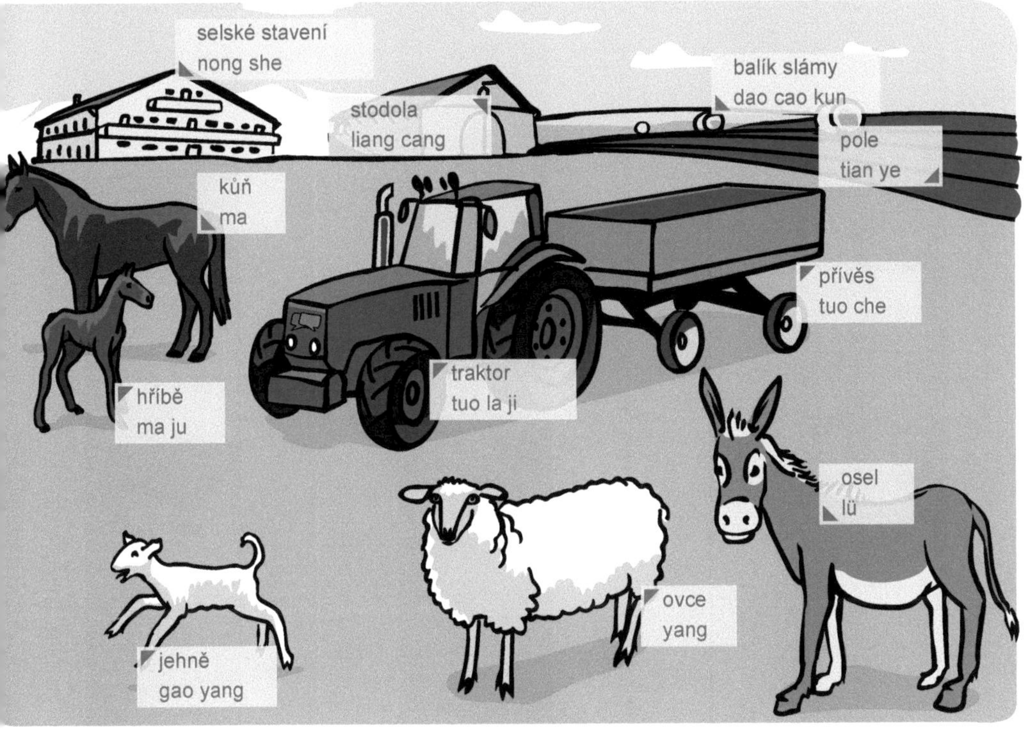
selské stavení
nong she
stodola
liang cang
balík slámy
dao cao kun
pole
tian ye
kůň
ma
přívěs
tuo che
hříbě
ma ju
traktor
tuo la ji
osel
lü
ovce
yang
jehně
gao yang

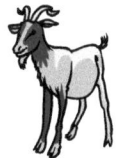

koza

shan yang

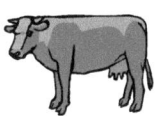

kráva

nai niu

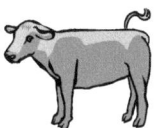

tele

niu du

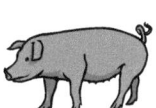

prase

zhu

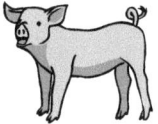

sele

xiao zhu

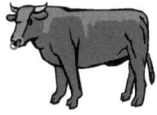

býk

gong niu

husa

e

kachna

ya

kuře

xiao ji

slepice

mu ji

kohout

gong ji

krysa

shu

kočka

mao

myš

lao shu

vůl

niu

pes

gou

psí bouda

gou wu

zahradní hadice

hua yuan jiao shui ruan guan

kropicí konev

sa shui hu

kosa

chang bing da lian dao

pluh

li

srp

lian dao

motyka

chu tou

vidle

chang bing cao pa

sekera

fu tou

kolecko

du lun shou tui che

koryto

si liao cao

konev na mléko

niu nai guan

pytel

ma bu dai

plot

zha lan

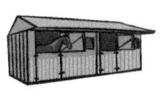

stáj

ma jiu

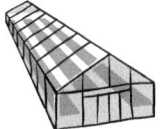

skleník

wen shi

půda

tu rang

osivo

zhong zi

hnojivo

fei liao

kombajn

lian he shou ge ji

sklidit

shou ge

sklizeň

shou ge

smldinec

shan yao

pšenice

xiao mai

sója

da dou

brambora

tu dou

kukuřice

yu mi

řepka

you cai zi

ovocný strom

guo shu

maniok

shu shu

obilí

gu wu

dům
fang zi

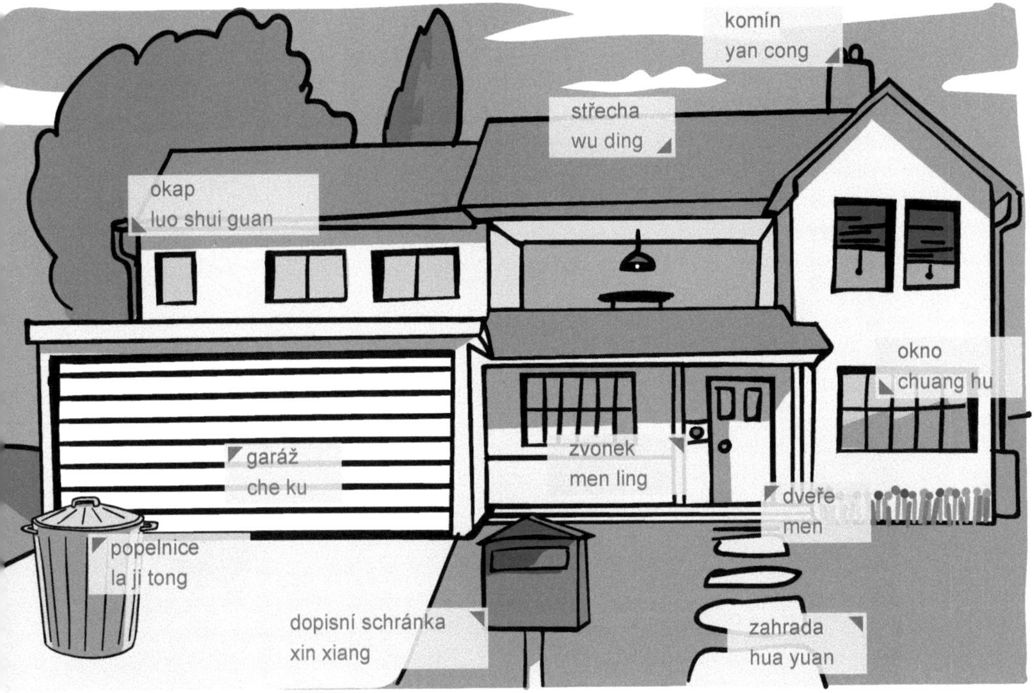

komín
yan cong
střecha
wu ding
okap
luo shui guan
okno
chuang hu
garáž
che ku
zvonek
men ling
dveře
men
popelnice
la ji tong
dopisní schránka
xin xiang
zahrada
hua yuan

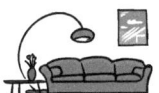

obývací pokoj

ke ting

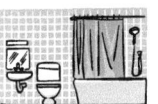

koupelna

yu shi

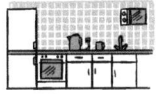

kuchyně

chu fang

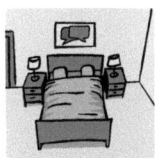

ložnice

wo shi

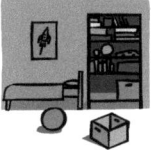

dětský pokoj

er tong fang

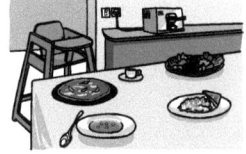

jídelna

can ting

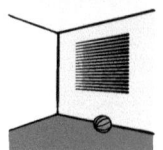

podlaha

di ban

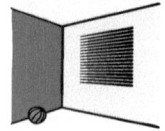

zeď

qiang bi

deka

diao ding

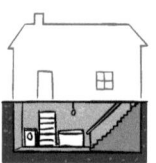

sklep

di jiao

sauna

sang na

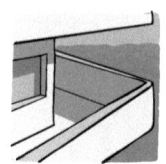

balkón

yang tai

terasa

lu tai

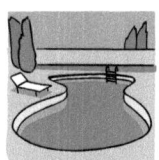

bazén

you yong chi

sekačka na trávu

ge cao ji

ložní prádlo

bei dan

lůžková přikrývka

chuang zhao

postel

chuang

smeták

sao zhou

kýbl

shui tong

vypínač

kai guan

obývací pokoj
ke ting

tapeta
bi zhi
obrázek
zhao pian
žárovka
tai deng
police
ge jia
skříň
chu gui
televizor
dian shi ji
komín
bi lu
květina
hua
polštář
dian zi
gauč
sha fa
váza
hua ping
dálkový ovladač
yao kong qi

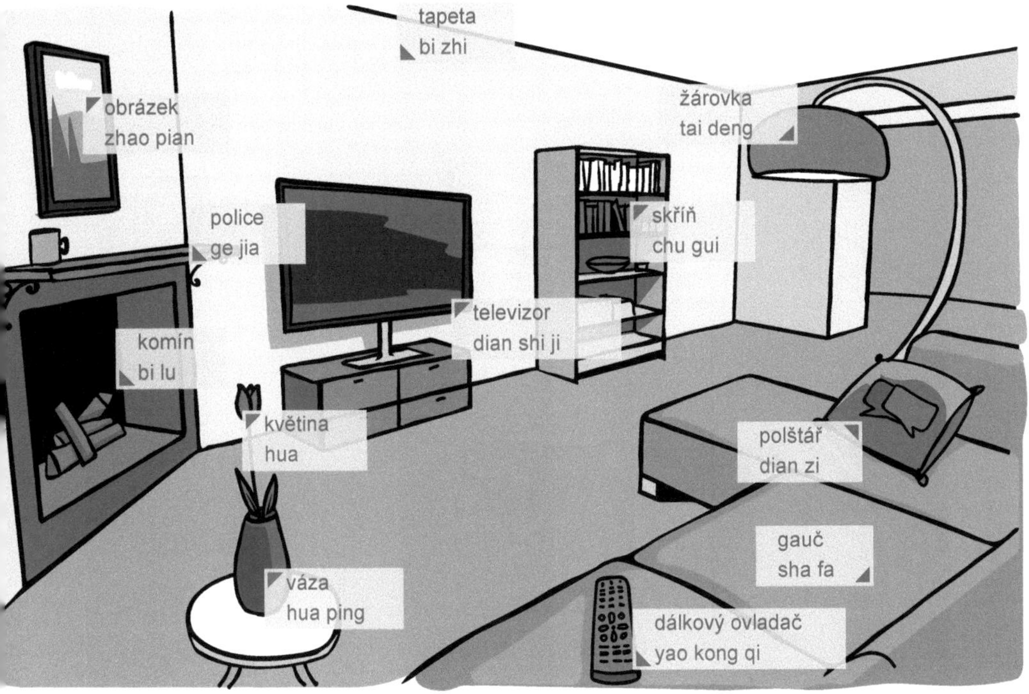

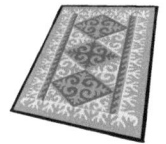

koberec

di tan

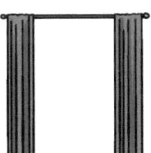

závěs

chuang lian

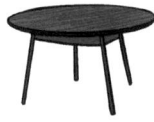

stůl

can zhuo

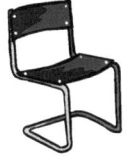

židle

yi zi

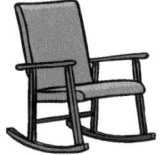

houpací křeslo

yao yi

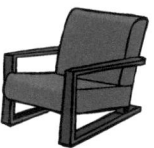

křeslo

fu shou yi

kniha

shu

strop

tan zi

ozdoba

zhuang shi pin

palivové dříví

mu chai

film

dian ying

stereo souprava

gao bao zhen yin xiang

klíč

yao shi

noviny

bao zhi

malba

you hua

plakát

hai bao

rádio

shou yin ji

poznámkový blok

bi ji ben

vysavač

xi chen qi

kaktus

xian ren zhang

svíce

la zhu

kuchyně
chu fang

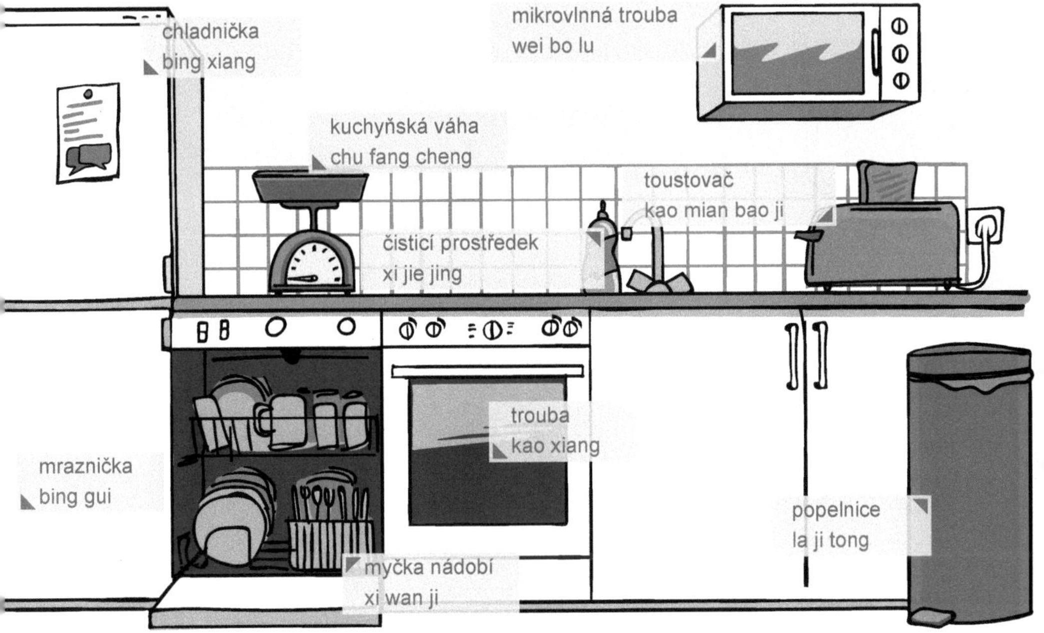
chladnička
bing xiang
mikrovlnná trouba
wei bo lu
kuchyňská váha
chu fang cheng
toustovač
kao mian bao ji
čisticí prostředek
xi jie jing
trouba
kao xiang
mraznička
bing gui
popelnice
la ji tong
myčka nádobí
xi wan ji

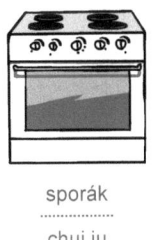

sporák

chui ju

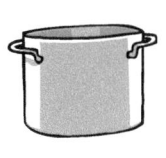

hrnec

guo

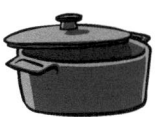

litinový hrnec

zhu tie guo

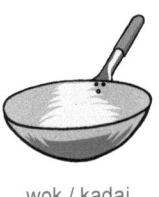

wok / kadai

sha guo

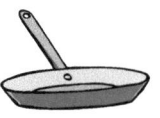

pánev

ping di guo

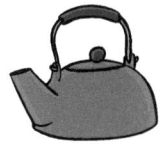

varná konvice

shui hu

parní hrnec

zheng guo

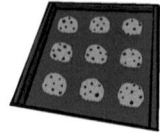

plech na pečení

kao pan

nádobí

tao ci guo

hrnek

ma ke bei

miska

wan

jídelní hůlky

kuai zi

naběračka

chang bing shao

obracečka

chan zi

metla

jiao ban qi

síto

lü wang

cedník

shai zi

struhadlo

mo sui ji

hmoždíř

yan bo

gril

shao kao

ohniště

ming huo

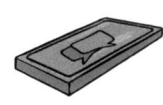

prkénko na krájení

cai ban

váleček na těsto

gan mian zhang

vývrtka

kai ping qi

dóza

guan zi

otvírák na konzervy

kai ping qi

chňapka

ge re shou tao

umyvadlo

shui cao

kartáč na nádobí

shua zi

houba

hai mian

mixér

jiao ban ji

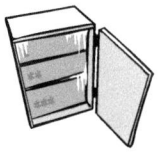

mrazák

leng cang xiang

dětská lahev

nai ping

kohoutek

shui long tou

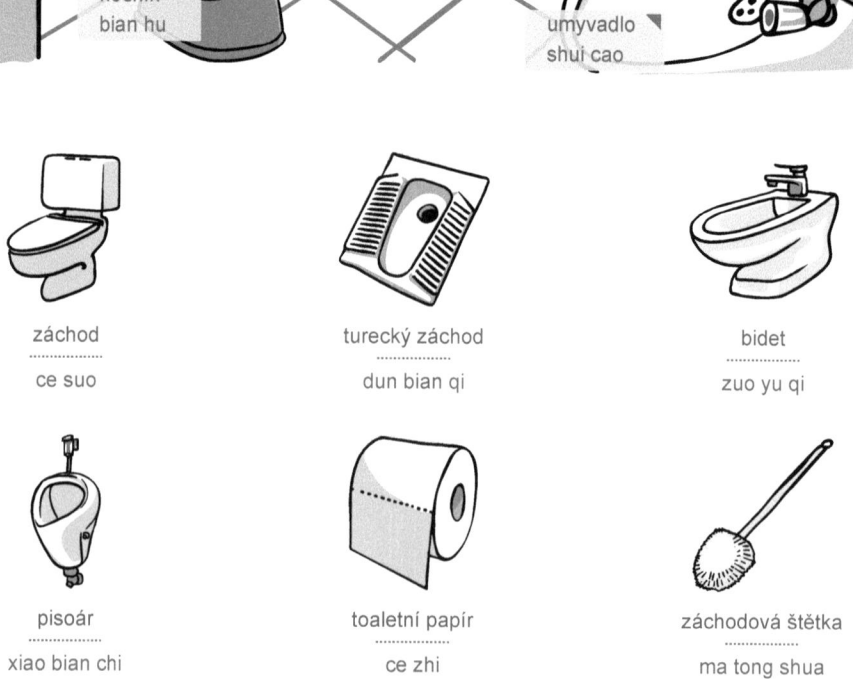

koupelna
yu shi

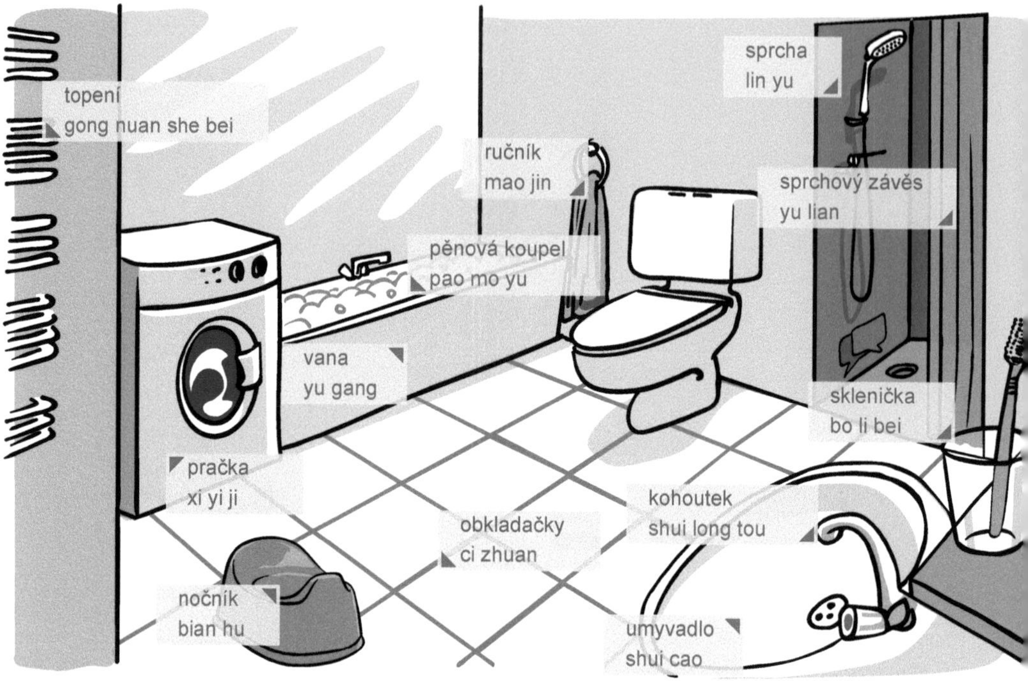

sprcha
lin yu
topení
gong nuan she bei
ručník
mao jin
sprchový závěs
yu lian
pěnová koupel
pao mo yu
vana
yu gang
sklenička
bo li bei
pračka
xi yi ji
kohoutek
shui long tou
obkladačky
ci zhuan
nočník
bian hu
umyvadlo
shui cao

záchod
ce suo

turecký záchod
dun bian qi

bidet
zuo yu qi

pisoár
xiao bian chi

toaletní papír
ce zhi

záchodová štětka
ma tong shua

zubní kartáček

ya shua

zubní pasta

ya gao

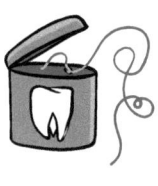

zubní niť

ya xian

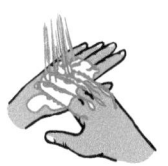

mýt

xi

ruční sprcha

shou chi shi pen lin tou

intimní sprcha

chong xi qi

umyvadlo

xi lian pen

kartáč na záda

ca bei shua

mýdlo

fei zao

sprchový gel

mu yu lu

šampón

xi fa shui

žínka

fa lan rong

odpad

pai shui

krém

ru shuang

deodorant

chu chou ji

zrcadlo

jing zi

kosmetické zrcátko

shou jing

holicí strojek

ti xu dao

pěna na holení

ti xu pao mo

voda po holení

xu hou shui

hřeben

shu zi

kartáč

shua zi

fén

chui feng ji

lak na vlasy

pen fa ding xing ji

makeup

hua zhuang pin

rtěnka

chun gao

lak na nehty

zhi jia you

vata

hua zhuang mian

nůžky na nehty

zhi jia jian

parfém

xiang shui

taška s toaletními potřebami

xi shu bao

stolička

deng zi

váha

ji zhong cheng

župan

yu pao

gumové rukavice

xiang jiao shou tao

tampón

wei sheng mian tiao

dámská vložka

wei sheng jin

chemická toaleta

hua xue ce suo

dětský pokoj
er tong fang

budík
nao zhong
plyšová hračka
mao rong wan ju
autíčko
wan ju che
chrastítko
bo lang gu
domeček pro panenky
wan ju wu
dárek
li wu

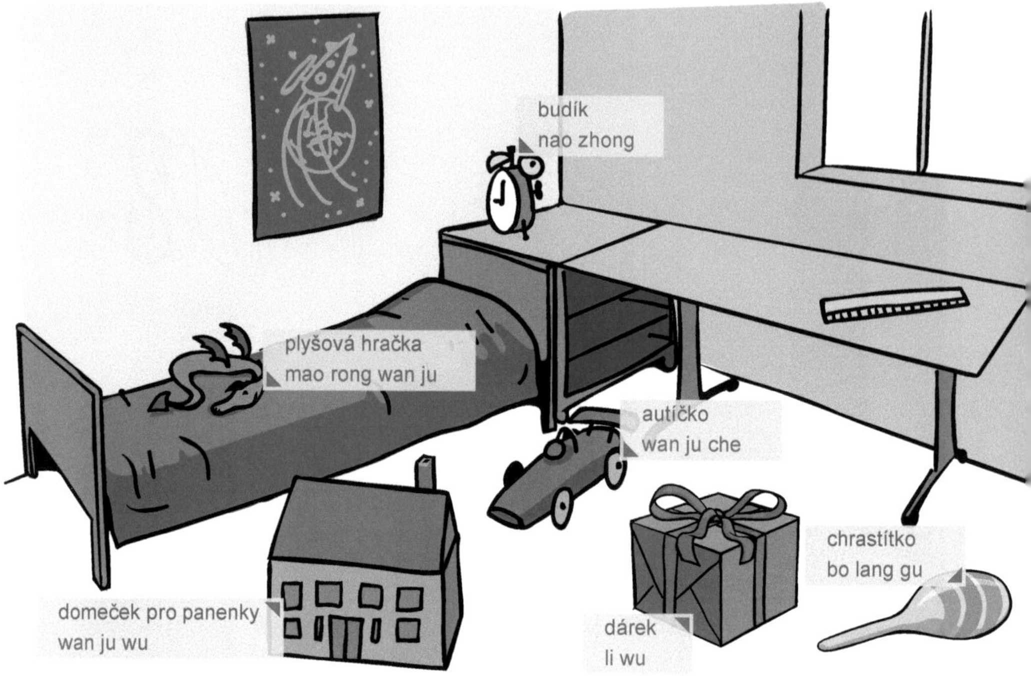

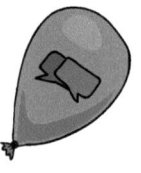

balón

qi qiu

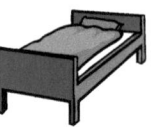

postel

chuang

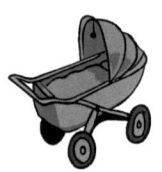

kočárek

(yang wa wa yong)ying er che

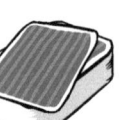

balíček karet

pu ke pai

puzzle

pin tu

SUPER
MEGA

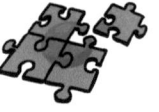

komiks

man hua

lego kostky

le gao ji mu

stavebnice

ji mu wan ju

akční figurka

wan ju ren

dupačky

ying er fu

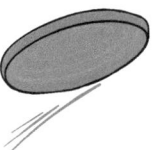

frisbee

fei pan

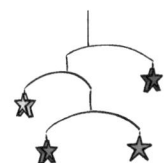

závěsné hračky nad postýlku

chuang ling wan ju

desková hra

qi pan you xi

kostky

shai zi

modelová železnice

huo che mo xing

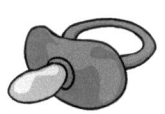

dudlík

an fu nai zui

oslava

ju hui

obrázková kniha

hui ben

míč

qiu

panenka

yang wa wa

hrát si

wan

pískoviště

sha keng

houpačka

qiu qian

hračky

wan ju

hrací konzole

you xi ji

tříkolka

san lun che

medvídek

tai di xiong

šatník

yi chu

oblečení

yi fu

ponožky

wa zi

punčochy

chang wa

punčochové kalhoty

jin shen ku

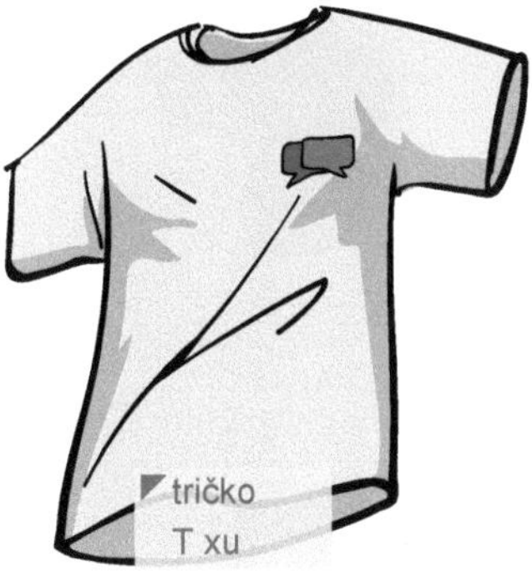

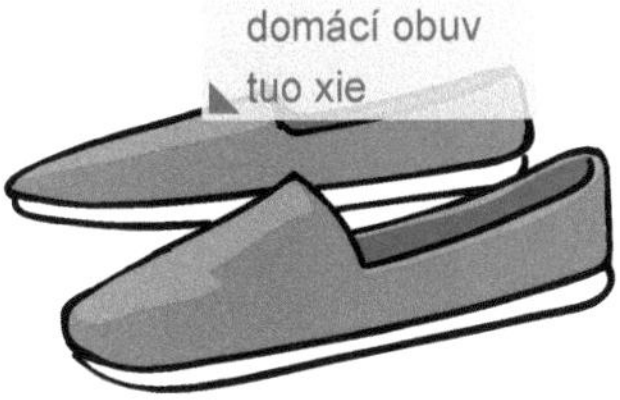

šála
wei jin

deštník
yu san

tričko
T xu

pásek
pi dai

kozačky
xue zi

domácí obuv
tuo xie

tenisky
yun dong xie

sandály

liang xie

obuv

xie

holínky

yu xue

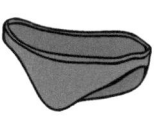

spodní prádlo

nei ku

podprsenka

xiong zhao

nátělník

bei xin

oblečení - yi fu

45

body

shen ti

kalhoty

ku zi

džíny

niu zai ku

sukně

duan qun

blůza

nü shi chen shan

košile

chen shan

svetr

tao tou shan

mikina

wei yi

blejzr

xi zhuang jia ke

bunda

jia ke

kabát

wai tao

pláštěnka

yu yi

kostým

tao zhuang

šaty

lian yi qun

svatební šaty

hun sha

oblek

xi zhuang

noční košile

shui pao

pyžamo

shui yi

sárí

sha li

šátek na hlavu

tou jin

turban

bao tou jin

burka

bo ka

kaftan

ka fu tan

abája

(a la bo shi)chang pao

plavky

yong yi

pánské plavky

nan shi yong ku

kraťasy

duan ku

tepláková souprava

yun dong fu

zástěra

wei qun

rukavice

shou tao

knoflík

niu kou

brýle

yan jing

náramek

shou lian

náhrdelník

xiang lian

prsten

jie zhi

náušnice

er huan

čepice

bian mao

ramínko

yi jia

klobouk

mao zi

kravata

ling dai

zip

la lian

helma

tou kui

kšandy

bei dai

školní uniforma

xiao fu

uniforma

zhi fu

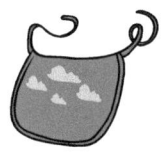

bryndák

wei dou

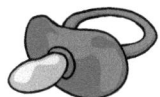

dudlík

an fu nai zui

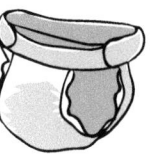

plena

niao bu shi

kancelář
ban gong shi

server
fu wu qi
kartotéka
wen jian gui
tiskárna
da yin ji
papír
zhi
monitor
xian shi ping
myš
shu biao
psací stůl
ban gong zhuo
šanon
wen jian jia
klávesnice
jian pan
odpadkový koš na papír
fei zhi kuang
počítač
dian nao
židle
yi zi

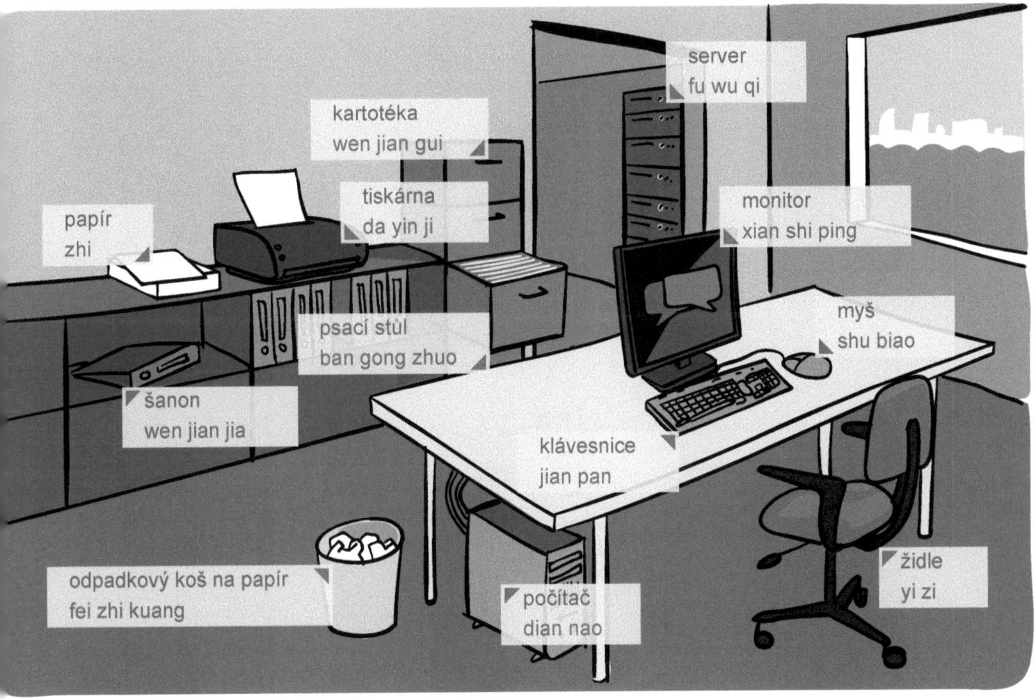

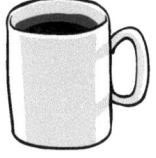

hrnek na kávu

ka fei bei

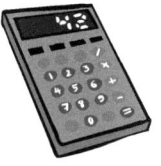

kalkulačka

ji suan qi

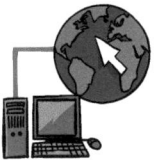

internet

yin te wang

notebook

bi ji ben dian nao

dopis

xin jian

zpráva

xiao xi

mobil

shou ji

síť

wang luo

kopírka

fu yin ji

software

ruan jian

telefon

dian hua

zásuvka

cha zuo

fax

chuan zhen ji

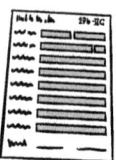

formulář

biao ge

dokument

wen jian

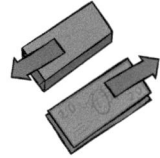

nakupovat

mai

zaplatit

fu qian

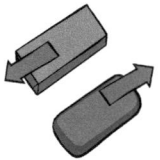

jednat

jiao yi

peníze

xian jin

USD

dolar

mei yuan

EUR

euro

ou yuan

JPY

jen

ri yuan

RUB

rubl

lu bu

CHF

frank

rui shi fa lang

CNY

juan

ren min bi

INR

rupie

lu bi

bankomat

ti kuan chu

směnárna

wai bi dui huan chu

zlato

jin

stříbro

yin

olej

shi you

energie

neng yuan

cena

jia ge

smlouva

he tong

daň

shui jin

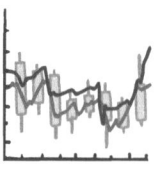

akcie

gu piao

pracovat

gong zuo

zaměstnanec

zhi yuan

zaměstnavatel

lao ban

továrna

gong chang

obchod

shang dian

povolání
zhi ye

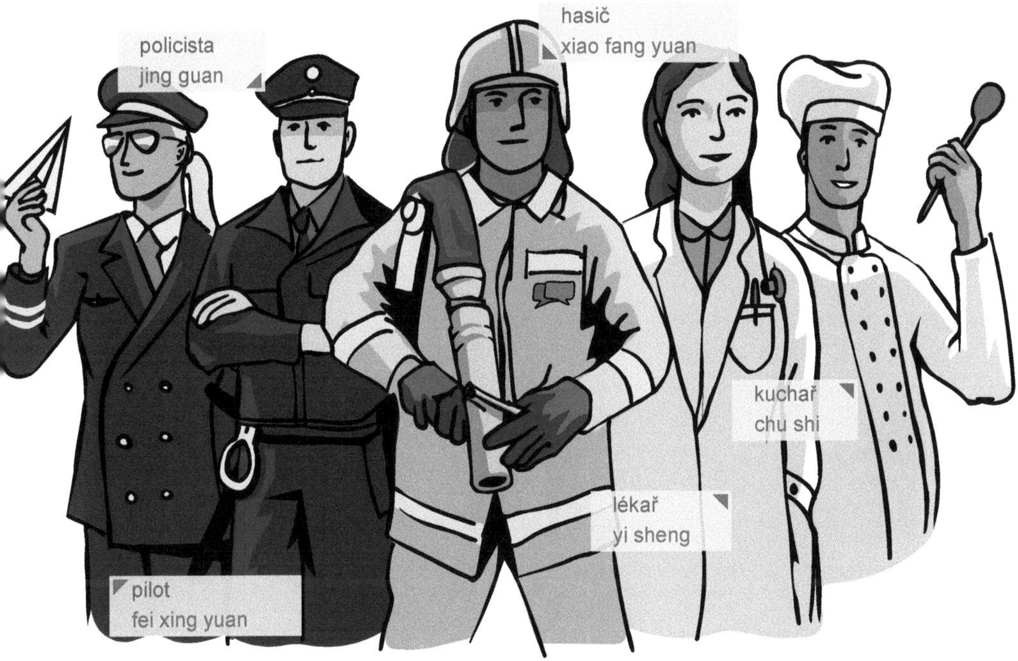

policista
jing guan
hasič
xiao fang yuan
kuchař
chu shi
lékař
yi sheng
pilot
fei xing yuan

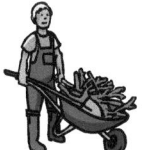

zahradník

yuan ding

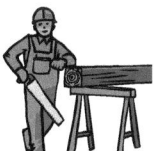

truhlář

mu jiang

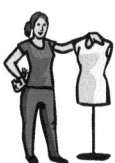

švadlena

cai feng

soudce

fa guan

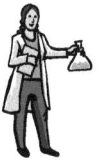

chemik

hua xue jia

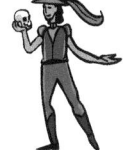

herec

yan yuan

řidič autobusu

gong jiao che si ji

řidič taxi

chu zu che si ji

rybář

yu fu

uklízečka

qing jie nü gong

pokrývač

wu ding gong

číšník

fu wu yuan

myslivec

lie ren

malíř

hua jia

pekař

mian bao shi

elektrikář

dian gong

stavební dělník

jian zhu gong ren

inženýr

gong cheng shi

řezník

tu fu

klempíř

shui guan gong

listonoš

you di yuan

voják

shi bing

architekt

jian zhu shi

pokladní

shou yin yuan

florista

hua nong

kadeřník

li fa shi

průvodčí

shou piao yuan

mechanik

ji xie shi

kapitán

chuan zhang

zubař

ya yi

vědec

ke xue jia

rabín

la bi

imám

yi ma mu

mnich

he shang

duchovní

mu shi

nářadí
gong ju

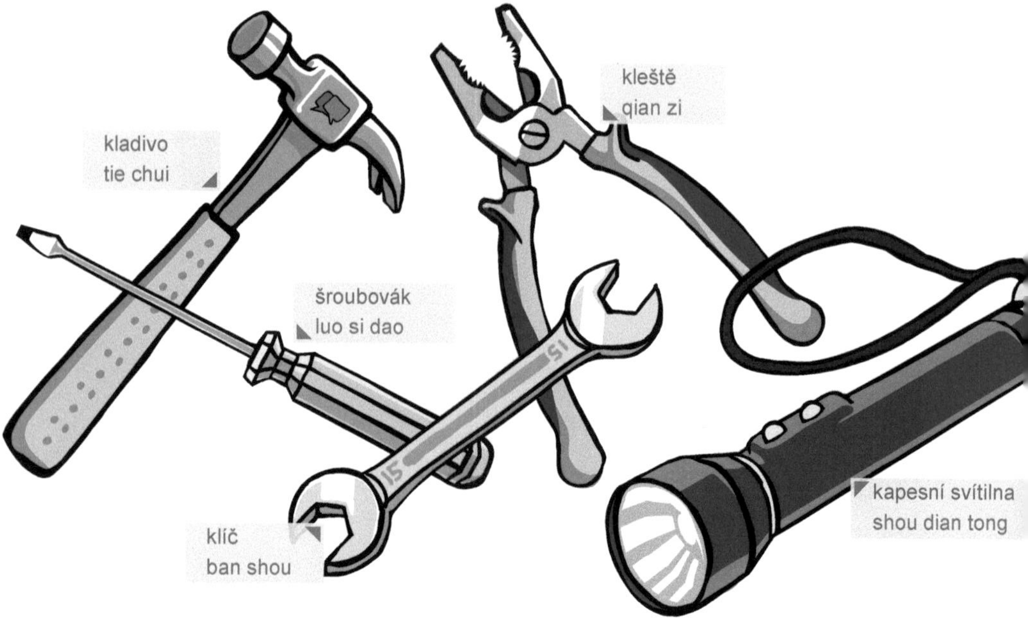
kladivo
tie chui
kleště
qian zi
šroubovák
luo si dao
klíč
ban shou
kapesní svítilna
shou dian tong

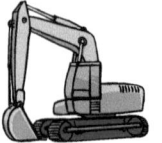

bagr
wa jue ji

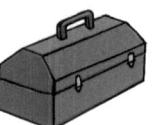

skříň na nářadí
gong ju xiang

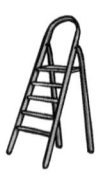

žebřík
ti zi

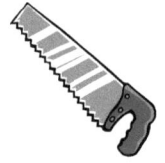

pila
ju zi

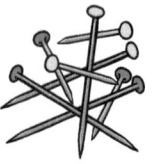

hřebíky
ding zi

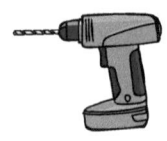

vrtačka
zuan ji

opravit
xiu

lopata
chan zi

Kurva!
kao!

lopatka
bo ji

vědroé na barvu
you qi tong

šrouby
luo si

hudební nástroje
yue qi

reprodukTor
yang sheng qi

bicí
da ji yue qi

kontrabas
di yin ti qin

trubka
xiao hao

kytara
ji ta

klavír

gang qin

housle

xiao ti qin

basa

bei si

tympán

ding yin gu

bubny

gu

keyboard

dian zi qin

saxofon

sa ke si guan

flétna

chang di

mikrofon

mai ke feng

tygr
lao hu

vstup
ru kou

klec
long zi

zebra
ban ma

krmivo pro zvířata
dong wu si liao

panda
xiong mao

zvířata

dong wu

slon

da xiang

klokan

dai shu

nosorožec

xi niu

gorila

da xing xing

medvěd

xiong

velbloud

luo tuo

pštros

tuo niao

lev

shi zi

opice

hou zi

plameňák

huo lie niao

papoušek

ying wu

lední medvěd

bei ji xiong

tučňák

qi e

žralok

sha yu

páv

kong que

had

she

krokodýl

e yu

ošetřovatel zvířat

dong wu yuan guan li yuan

tuleň

hai bao

jaguár

mei zhou bao

poník

ai zhong ma

leopard

bao

hroch

he ma

žirafa

chang jing lu

orel

lao ying

divoké prase

ye zhu

ryby

yu

želva

gui

mrož

hai xiang

liška

hu li

gazela

ling yang

americký fotbal
gan lan qiu

cyklistika
qi zi xing che

tenis
wang qiu

košíková
lan qiu

plavání
you yong

box
quan ji

lední hokej
bing qiu

kopaná

ying shi zu qiu

badminton

yu mao qiu

lehká atletika

tian jing

házená

shou qiu

běh na lyžích

hua xue

vodní pólo

ma qiu

aktivity
huo dong

skočit
tiao
objímat
yong bao
smát se
xiao
jít
zou lu
zpívat
chang
snít
zuo meng
modlit se
qi dao
políbit
qin wen

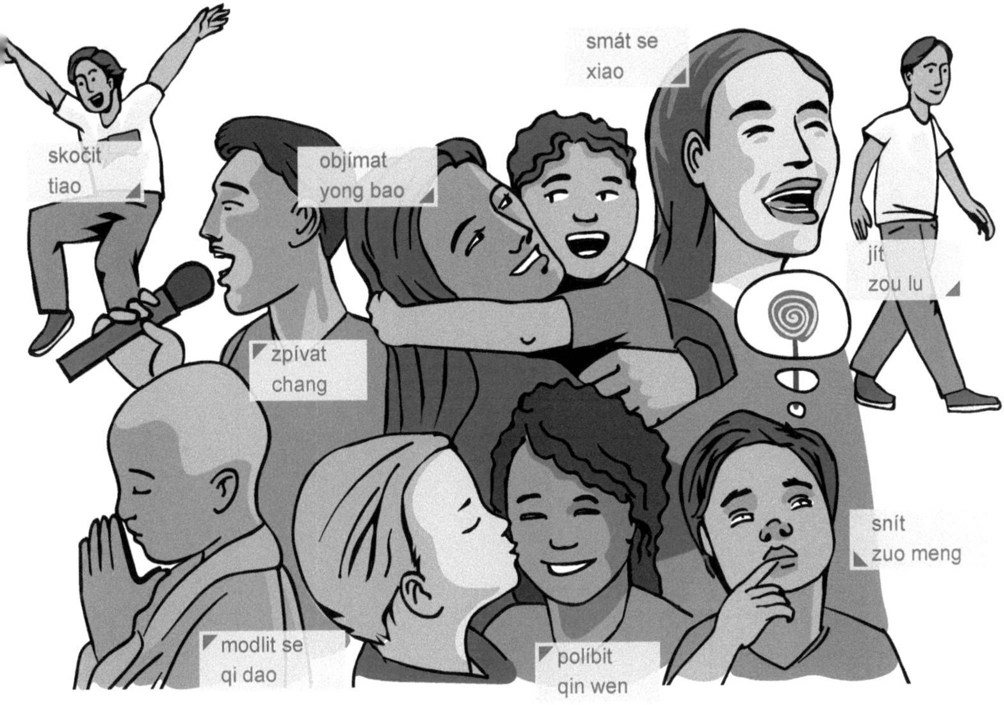

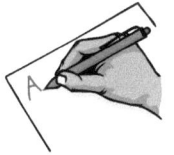

psát
shu xie

kreslit
hua

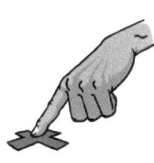

ukazovat
zhan shi

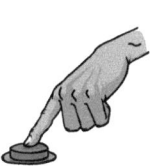

tlačit
tui

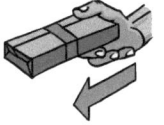

dát
gei

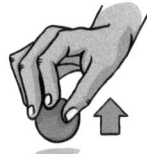

vzít si
na

mít
你
you

dělat
做
zuo

být
当
dang

stát
站
zhan

běhat
跑
pao

táhnout
拉
la

hodit
扔
reng

padat
摔倒
shuai dao

ležet
躺
tang

čekat
等待
deng dai

nosit
携带
xie dai

sedět
坐
zuo

oblékat
穿衣
chuan yi

spát
睡觉
shui jiao

vzbudit se
醒来
xing lai

prohlédnout si

kan

plakat

ku

pohladit

fu mo

česat

shu tou

hovořit

jiao tan

rozumět

ming bai

ptát se

wen

slyšet

ting

pít

he

jíst

chi

uklidit

qing li

milovat

ai

vařit

zuo fan

jet

kai che

letět

fei

plachtit

hang xing

počítat

ji suan

číst

du

učit se

xue xi

pracovat

gong zuo

vzít si

jie hun

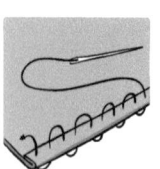

šít

feng

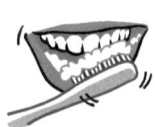

čistit si zuby

shua ya

zabít

sha

kouřit

chou yan

poslat

ji

babička
zu mu

dědeček
zu fu

otec
fu qin

matka
mu qin

dítě
ying tong

dcera
nü er

syn
er zi

host

ke ren

teta

a yi

strýc

shu shu

bratr

xiong di

sestra

jie mei

tělo

shen ti

čelo
qian e
oko
yan jing
obličej
lian
brada
xia ba
hruď
ru fang
prst
shou zhi
ruka
shou
paže
shou bi
rameno
jian bang
dolní končetina
tui

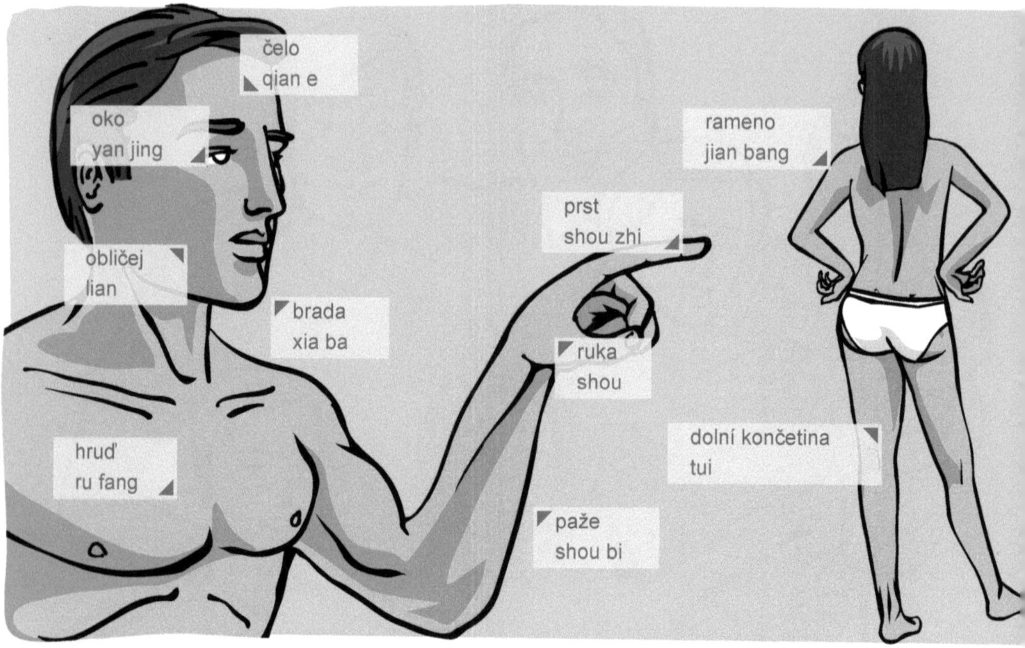

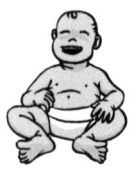

dítě

ying tong

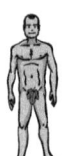

muž

nan ren

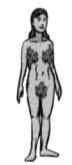

žena

nü ren

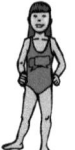

dívka

nü hai

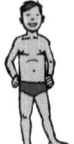

chlapec

nan hai

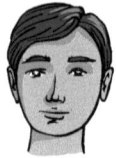

hlava

tou

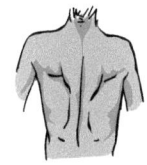

záda

bei bu

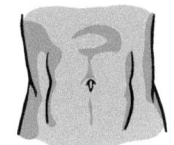

břicho

du zi

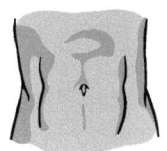

pupík

du qi

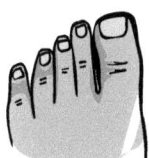

prst na noze

jiao zhi

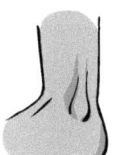

pata

jiao hou gen

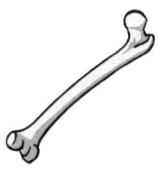

kost

gu tou

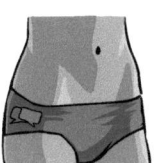

bok

tun bu

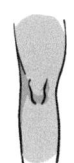

koleno

xi gai

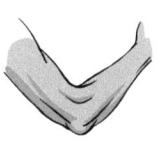

loket

shou zhou

nos

bi zi

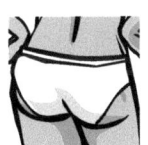

zadek

pi gu

kůže

pi fu

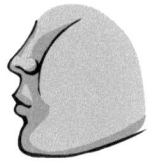

tvář

lian jia

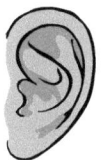

ucho

er duo

ret

zui chun

ústa

zui

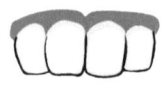

zub

ya chi

jazyk

she tou

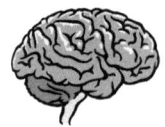

mozek

nao

srdce

xin zang

sval

ji rou

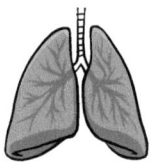

plíce

fei

játra

gan zang

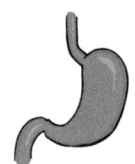

žaludek

wei

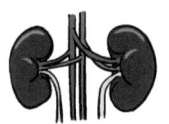

ledviny

shen zang

pohlavní styk

xing jiao

kondom

bi yun tao

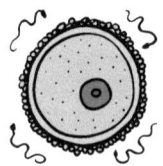

vajíčko

luan zi

sperma

jing zi

těhotenství

huai yun

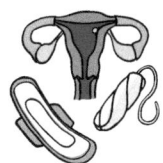

menstruace

yue jing

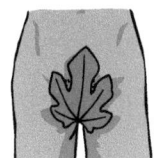

vagina

yin dao

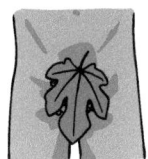

penis

yin jing

obočí

mei mao

vlasy

tou fa

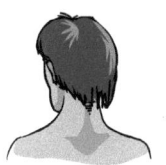

krk

bo zi

nemocnice
yi yuan

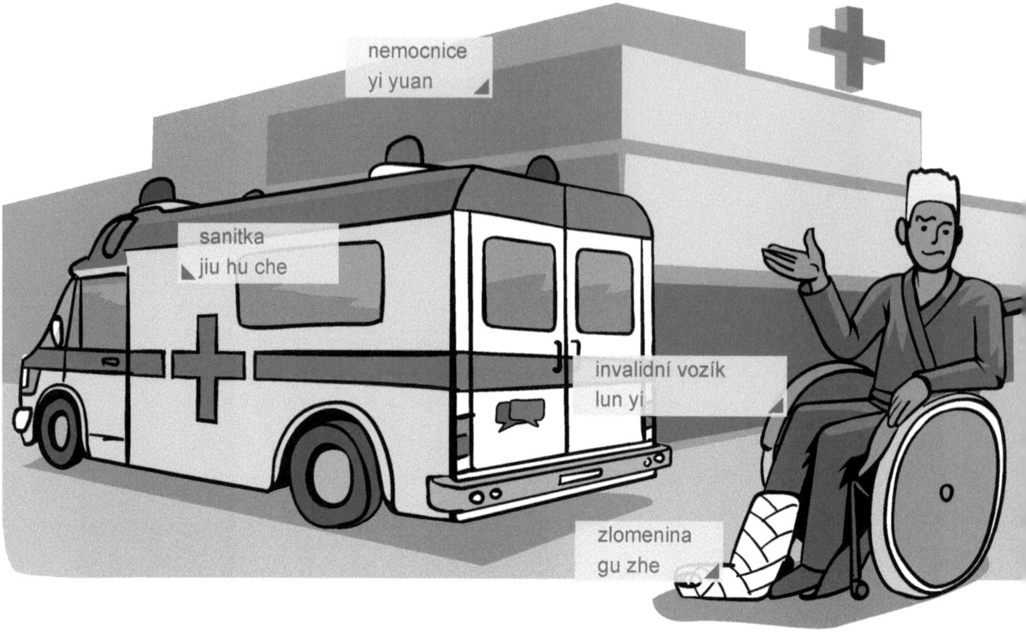

nemocnice
yi yuan
sanitka
jiu hu che
invalidní vozík
lun yi
zlomenina
gu zhe

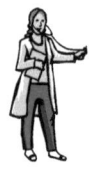

lékař

yi sheng

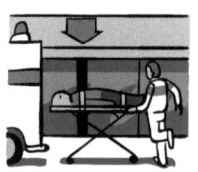

pohotovost

ji zhen shi

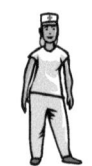

zdravotní sestra

hu shi

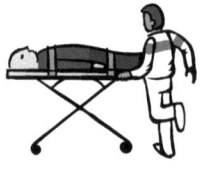

urgentní případ

jin ji qing kuang

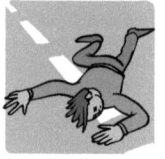

v bezvědomí

hun mi

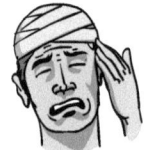

bolest

tong

úraz

shou shang

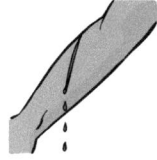

krvácení

chu xue

infarkt myokardu

xin zang bing fa zuo

cévní mozková příhoda

zhong feng

alergie

guo min

kašel

ke sou

horečka

fa shao

chřipka

liu gan

průjem

fu xie

bolest hlavy

tou tong

rakovina

ai zheng

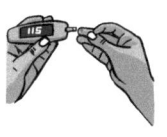

cukrovka

tang niao bing

chirurg

wai ke yi sheng

skalpel

shou shu dao

operace

shou shu

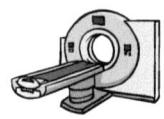

CT

CT

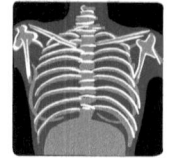

rentgen

X guang

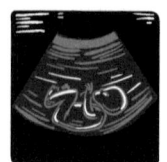

ultrazvuk

chao sheng bo

maska

kou zhao

nemoc

ji bing

čekárna

hou zhen shi

berle

guai zhang

náplast

shi gao

obvaz

beng dai

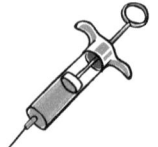

injekce

zhu she

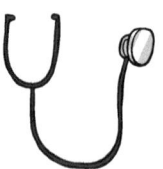

stetoskop

ting zhen qi

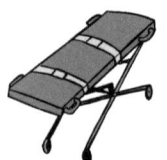

nosítka

dan jia

teploměr

ti wen ji

porod

chu sheng

nadváha

chao zhong

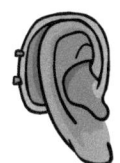

naslouchátko

zhu ting qi

dezinfekční prostředek

xiao du ye

infekce

gan ran

virus

bing du

HIV / AIDS

ai zi bing

lékařství

yao wu

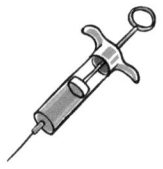

očkování

jie zhong yi miao

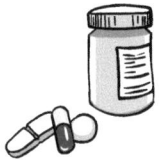

tablety

yao pian

pilulka

yao wan

tísňové volání

ji jiu dian hua

tonometr

xue ya ji

nemocný / zdravý

sheng bing/jian kang

Pomoc!

jiu ming!

poplach

jing bao

přepadení

tu ji

napadení

gong ji

nebezpečí

wei xian

nouzový východ

jin ji chu kou

Hoří!

zhao huo la!

hasicí přístroj

mie huo qi

nehoda

yi wai

zdravotnická brašna

ji jiu xiang

SOS

hu jiu xin hao

policie

jing cha

Evropa

ou zhou

Severní Amerika

bei mei zhou

Jižní Amerika

nan mei zhou

Afrika

fei zhou

Asie

ya zhou

Austrálie

ao zhou

Atlantik

da xi yang

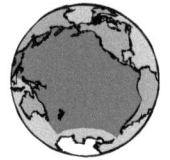

Pacifik

tai ping yang

Indický oceán

yin du yang

Jižní ledový oceán

nan bing yang

Severní ledový oceán

bei bing yang

severní pól

bei ji

jižní pól
....
nan ji

Antarktida
....
nan ji zhou

země
....
di qiu

pevnina
....
lu di

moře
....
hai

ostrov
....
dao

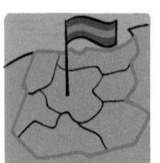

národ
....
guo jia

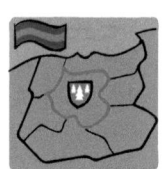

stát
....
guo jia

ciferník

zhong mian

hodinová ručička

shi zhen

minutová ručička

fen zhen

vteřinová ručička

miao zhen

Kolik je hodin?

xian zai ji dian?

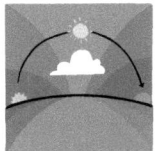

den

tian

čas

shi jian

teď

xian zai

digitální hodinky

dian zi biao

minuta

fen

hodina

shi

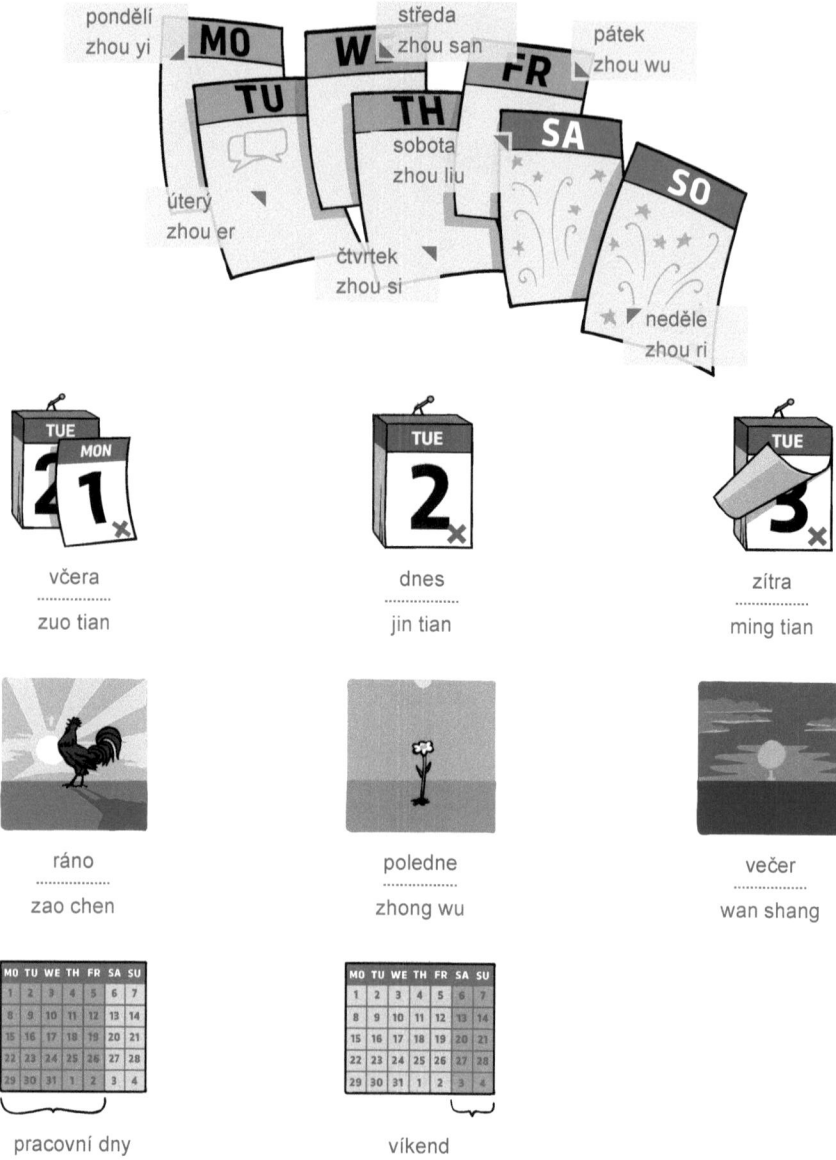

pondělí
zhou yi

středa
zhou san

pátek
zhou wu

úterý
zhou er

sobota
zhou liu

čtvrtek
zhou si

neděle
zhou ri

včera
zuo tian

dnes
jin tian

zítra
ming tian

ráno
zao chen

poledne
zhong wu

večer
wan shang

pracovní dny
gong zuo ri

víkend
zhou mo

rok
nian

déšť
yu
duha
cai hong
vítr
feng
sníh
xue
jaro
chun
podzim
qiu
léto
xia
zima
dong

4.APRIL 11°
5.APRIL 4°
6.APRIL 13°
7.APRIL 8°
8.APRIL 10°

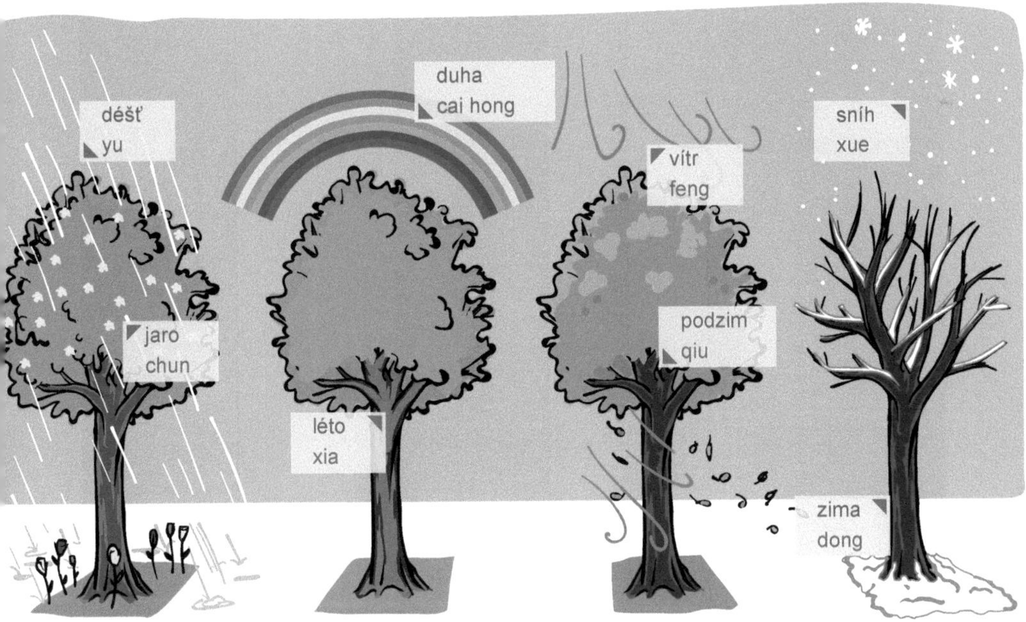

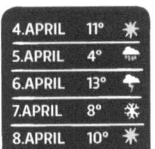

předpověď počasí

tian qi yu bao

F
C
120
90
60
30
0
-30
40
30
20
10
0
-10
-20

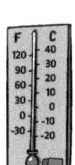

teploměr

wen du ji

sluneční svit

yang guang

mrak

yun

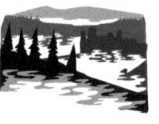

mlha

wu

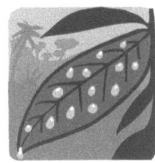

vlhkost

chao shi

blesk

shan dian

hrom

da lei

bouřka

feng bao

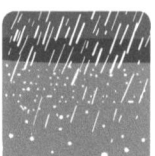

kroupy

bing bao

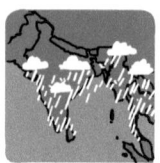

monzun

ji feng

povodeň

hong shui

led

bing

leden

yi yue

únor

er yue

březen

san yue

duben

si yue

květen

wu yue

červen

liu yue

červenec

qi yue

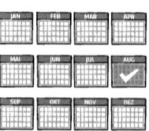

srpen

ba yue

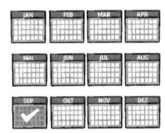

září
....
jiu yue

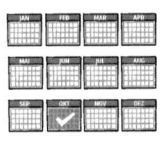

říjen
....
shi yue

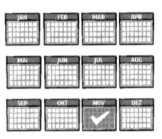

listopad
....
shi yi yue

prosinec
....
shi er yue

tvary

xing zhuang

kruh
....
yuan xing

čtverec
....
zheng fang xing

obdélník
....
chang fang xing

trojúhelník
....
san jiao xing

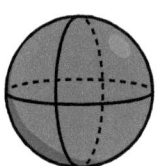

koule
....
qiu ti

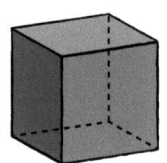

krychle
....
li fang ti

bílá

bai

žlutá

huang

oranžová

cheng

růžová

fen

červená

hong

fialová

zi

modrá

lan

zelená

lü

hnědá

zong

šedá

hui

černá

hei

hodně / málo

hen duo/shao xu

rozzuřený / mírumilovný

sheng qi/ping jing

krásný / ošklivý

mei/chou

začátek / konec

shou/wei

velký / malý

da/xiao

světlý / tmavý

ming/an

bratr / sestra

xiong di/jie mei

čistý / špinavý

gan jing/ang zang

úplný / neúplný

wan zheng/que shi

den / noc

bai tian/wan shang

mrtvý / živý

si/sheng

široký / úzký

kuan/zhai

jedlý / nejedlý

ke shi yong/fei shi yong

zlý / hodný

xie e/shan liang

vzrušený / znuděný

xing fen/wu liao

tlustý / hubený

pang/shou

nejdříve / naposledy

di yi/zui hou

přítel / nepřítel

peng you/di ren

plný / prázdný

man/kong

tvrdý / měkký

ying/ruan

těžký / lehký

zhong/qing

hlad / žízeň

e/ke

nemocný / zdravý

sheng bing/jian kang

ilegální / legální

fei fa/he fa

inteligentní / hloupý

cong ming/yu ben

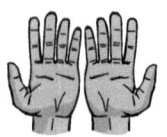

vlevo / vpravo

zuo/you

blízko / daleko

jin/yuan

nový / použitý

xin/jiu

nic / něco

mei you/you xie

starý / mladý

lao/you

zapnutý / vypnutý

kai/guan

otevřeno / zavřeno

da kai/he shang

tichý / hlasitý

an jing/chao nao

bohatý / chudý

fu/qiong

správný / špatný

dui/cuo

drsný / hladký

cu cao/guang hua

smutný / šťastný

shang xin/gao xing

krátký / dlouhý

duan/chang

pomalý / rychlý

man/kuai

vlhký / suchý

shi/gan

teplý / chladný

wen nuan/liang shuang

válka / mír

zhan zheng/he ping

0	**1**	**2**
nula	jedna	dva
ling	yi	er

3	**4**	**5**
tři	čtyři	pět
san	si	wu

6	**7**	**8**
šest	sedm	osm
liu	qi	ba

9	**10**	**11**
devět	deset	jedenáct
jiu	shi	shi yi

12

dvanáct

shi er

13

třináct

shi san

14

čtrnáct

shi si

15

patnáct

shi wu

16

šestnáct

shi liu

17

sedmnáct

shi qi

18

osmnáct

shi ba

19

devatenáct

shi jiu

20

dvacet

er shi

100

sto

bai

1.000

tisíc

qian

1.000.000

milion

bai wan

angličtina

ying yu

americká angličtina

mei shi ying yu

standardní čínština

pu tong hua

hindština

yin di yu

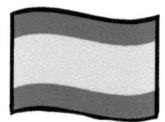

španělština

xi ban ya yu

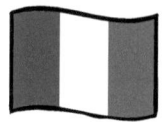

francouzština

fa yu

arabština

a la bo yu

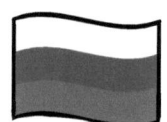

ruština

e yu

portugalština

pu tao ya yu

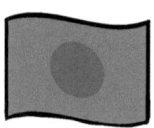

bengálština

feng jia la yu

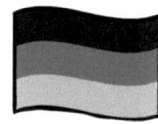

němčina

de yu

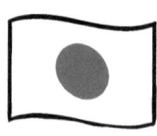

japonština

ri yu

já
wo

ty
ni

on / ona / ono
ta/ta/ta

my
wo men

vy
ni men

oni
ta men

Kdo?
shei?

Co?
shen me?

Jak?
zen yang?

Kde?
na li?

Kdy?
shen me shi hou?

jméno
ming zi

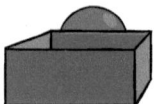

za
....
hou mian

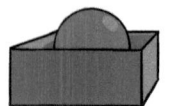

do
....
li mian

z
....
qian mian

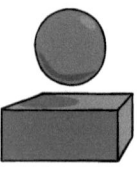

nad
....
shang fang

na
....
shang mian

mezi
....
xia mian

vedle
....
pang bian

mezi
....
zhong jian

místo
....
di dian